김성은 기획

대학에서 교육학을 전공했으며, 어린이책 기획과 글 쓰는 일을 합니다. 세상에 대한 궁금증을 하나하나 풀어 가는 지식 그림책 만들기를 좋아합니다.
그동안 《한강을 따라 가요》, 〈토토 지구 마을〉 시리즈들을 기획했고, 《그때, 나무 속에서는》, 《그때, 상처 속에서는》, 《지도 펴고 세계 여행》,
《열두 달 지하철 여행》, 《우리 땅 노래 그림책》, 《마음이 퐁퐁퐁》, 《바람숲 도서관》, 〈같이 사는 가치〉 시리즈 들에 글을 썼습니다.
어린이들에게 우리 땅의 모습을 한눈에 펼쳐 보여 주고자 이 책을 기획했습니다. 실제로 기차를 타고 다니며 우리 땅 곳곳을 답사하고
지도가 닳도록 들여다보며 만든 이 책은 그동안 해 온 작업 중 가장 힘들었지만 그만큼 가장 보람 있는 결과물입니다.

조지욱 글

대학에서 지리학을 전공했으며, 지금은 부천의 한 고등학교에서 한국 지리와 세계 지리를 가르칩니다.
틈틈이 쓴 책으로는 청소년 교양서 《길이 학교다》, 《동에 번쩍 서에 번쩍 우리나라 지리 이야기》 들과
어린이 지식 그림책 《서로 달라 재미있어》, 《지도를 따라가요》 등이 있습니다.
이 책을 보면 그림 위쪽이 북쪽일 때도 있고 그렇지 않을 때도 있습니다.
지도는 위쪽이 북쪽일 것이라는 고정관념에서 벗어나, 우리 땅을 새로운 눈으로 볼 수 있도록 했습니다.
책을 보는 어린이들이 우리 땅에 대해 더 깊이 이해하고 상상의 날개도 맘껏 펼쳐 볼 수 있으면 좋겠습니다.

한태희 그림

대학에서 응용미술을 전공한 뒤, 1997년 첫 번째 개인전 '동화 속으로의 여행'을 기점으로 그림책 작업에 전념하고 있습니다.
지금까지 《로봇 친구》, 《휘리리후 휘리리후》, 《손바닥 동물원》, 《아름다운 모양》, 《봄을 찾은 할아버지》 같은 다양한 그림책을
만들었습니다. 이 책의 그림을 그리면서 새로운 각도로 세상을 보는 것이 얼마나 많은 땀과 수고를 필요로 하는지
알게 되었고, 우리 땅 곳곳에 아직도 더 배우고 돌아볼 곳이 많다는 사실도 겸손한 마음으로 느끼게 되었습니다.
이 책을 보는 어린이들이 좀 더 재밌고 즐겁게 우리 땅을 알아 갈 수 있다면 더없이 기쁘겠습니다.
이 책에 이어 지도 그림책 《지도 펴고 세계 여행》, 《열두 달 지하철 여행》에 그림을 그렸습니다.

지식곰곰 01 입체 지도로 보는 우리나라

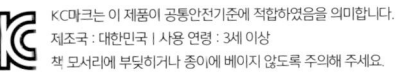

ⓒ 김성은·조지욱·한태희, 2013
초판 1쇄 발행 2013년 12월 5일 | 초판 19쇄 발행 2024년 12월 30일
펴낸이 임선희 | 펴낸곳 ㈜책읽는곰 | 출판등록 제2017-000301호
주소 서울시 마포구 성지길 48 | 전화 02-332-2672~3 | 팩스 02-338-2672
홈페이지 www.bearbooks.co.kr | 전자우편 bear@bearbooks.co.kr | SNS Instagram@bearbooks_publishers
ISBN 978-89-93242-96-6, 978-89-93242-95-9(세트)

편집 우지영, 우진영, 이다정, 최아라, 박혜진, 김다예, 윤주영, 도아라, 홍은채 | 디자인 김지은, 김은지 | 마케팅 정승호, 배현석, 김선아, 이서윤, 백경희
경영관리 고성림, 이민종 | 저작권 민유리 | 협력업체 이피에스, 두성피앤엘, 월드페이퍼, 원방드라이보드, 해인문화사, 으뜸래핑, 도서유통 천리마

이 책은 저작권법에 따라 보호받는 저작물이므로 무단 전재와 무단 복제를 금합니다.
이 책 내용의 전부 또는 일부를 사용하시려면 반드시 저작권자와 출판사의 동의를 얻어야 합니다.

KC마크는 이 제품이 공통안전기준에 적합하였음을 의미합니다.
제조국 : 대한민국 | 사용 연령 : 3세 이상
책 모서리에 부딪히거나 종이에 베이지 않도록 주의해 주세요.

지식곰곰 01 입체 지도로 보는 우리나라

우리 땅 기차 여행

김성은 기획 · 조지욱 글 · 한태희 그림

가비와 다비가 용산역 플랫폼에서 열차를 기다려요.
호남선을 타고 전라도 광주에 있는 할머니 댁에 갈 거예요.
형이랑 둘이서만 가는 건 처음이라 다비는 조금
불안한가 봐요. 엄마 손을 꼬옥 잡고 있어요.
그때, 덜커덩덜커덩 소리가 나자 가비가 소리쳤어요.
"저기 KTX다!"
"형, 그게 뭐야?"
"고속 철도 KTX 몰라? 우리나라에서 가장 빠른 기차잖아."
"정말? 그렇게 빨라? 우아, 나도 타 볼래."
다비는 언제 그랬냐는 듯이 엄마 손을 놓고
형을 따라 얼른 기차에 올라탔어요.

기차가 용산역을 출발해 서울 한복판을 달리기 시작해요.
서울은 우리나라 수도예요. 대통령이 사는 청와대와
국회 의원들이 일하는 국회 의사당이 있지요.
서울의 나이는 자그마치 600살! 오랫동안 우리나라의
수도가 될 수 있었던 건 그만큼 좋은 땅이기 때문이에요.
북한산, 관악산을 비롯한 여러 산들이 둘러싸고 있어 적을 막아 주고,
넓은 들과 한강이 있어 풍부한 곡식을 얻을 수 있으니까요.
또 우리 땅 중간쯤에 있기 때문에 나라를 다스리기에도 좋지요.
오늘날 1천만 명의 사람이 살고 있는 서울은
높은 건물이 빼곡하고, 도로는 거미줄처럼 이어져 있어요.

서울을 가로질러 흐르는 한강은 '크고 넓은 강'이라는 뜻을 지니고 있어요. 우리 땅 동쪽 태백산맥에서 시작해 500킬로미터를 달리고 달려 황해로 흘러들지요.
이렇게 큰 강이 수도를 가로질러 흐르는 건 세계에서도 흔치 않은 일이에요.
예전에는 한강을 건너려면 나루터에서 배를 타야 했지만, 지금은 30여 개의 다리가 서울의 북쪽과 남쪽을 이어 주고 있지요.
한강 다리 중에서 맨 처음 생긴 건 바로 한강 철교!
지금 KTX 기차가 덜컹거리며 건너고 있는 저 다리랍니다.

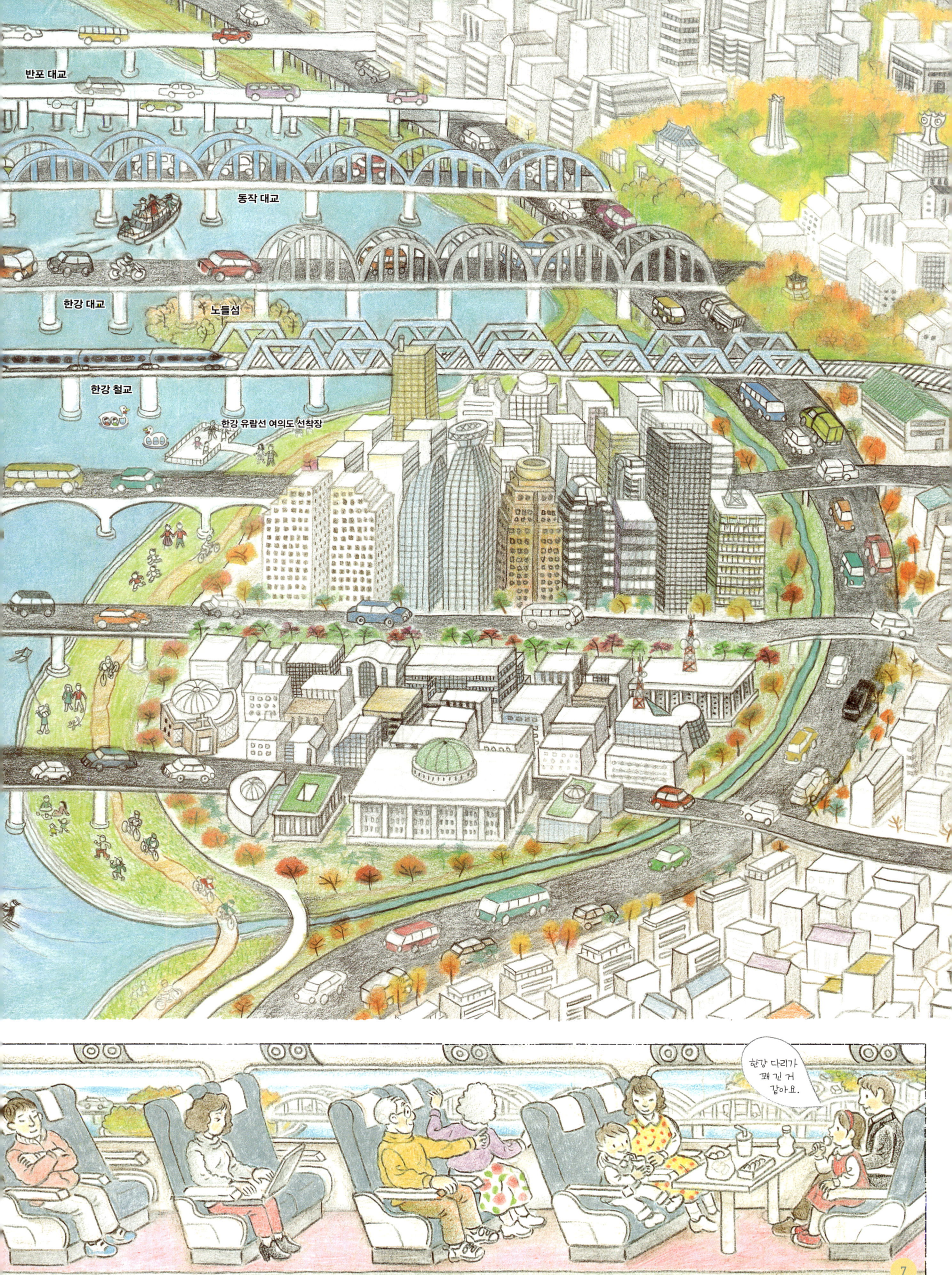

기차가 광명역을 지나 달려가요. 서울을 벗어나 경기도에 들어섰지만, 여전히 건물이 빼곡한 도시들이 이어지고 있어요. 작은 도시들이 마치 포도송이처럼 서울 주변에 다닥다닥 붙어 있기 때문이에요. 지구 둘레를 도는 달이 지구의 위성이듯 이 도시들은 서울의 위성 도시예요.

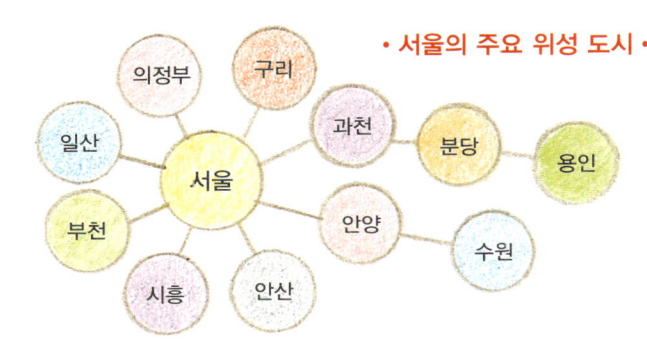

• 서울의 주요 위성 도시 •

위성 도시는 서울의 무거운 짐을 나누어 져요. 무거운 짐은 바로 지나치게 많은 사람과 지나치게 많은 공장들이죠. 일산·분당·평촌 같은 도시에는 서울로 출퇴근하는 사람들이 많이 살고, 안양·안산·시흥 같은 도시에는 서울의 공장들이 옮겨 가 있어요. 이런 위성 도시들이 없다면 서울은 점점 뚱뚱해지다가 뻥 터져 버릴지도 몰라요.

기차는 조금 있으면 대전에 도착할 거예요. 충청도에 있는 대전은
'한밭'이라 불리는 작은 시골 마을이었어요. 그런데 철길이 놓이고
기차역이 생기면서 교통의 중심지가 되었지요. 대전에서는 우리나라
어디든 가기 쉬워요. 서울을 출발한 경부선은 대전을 거쳐 대구, 울산,
부산으로 가고, 또 호남선은 대전을 거쳐 광주, 목포, 여수로 가거든요.

· 교통의 중심, 대전 ·

기차가 서대전역으로 들어서자 가비가 말했어요.
"정말 빠르네. 한 시간 만에 대전까지 왔어."
"형, 그럼 KTX가 세계에서 제일 빨라?"
"그렇지는 않아. 고속철은 다른 나라에도 있거든.
프랑스에는 테제베, 독일에는 이체에, 일본에는 신칸센이 있어."
"우아, 다 타 보고 싶다."

기차는 충청남도를 지나 전라북도 땅으로 들어섰어요. 논산에서 정읍까지 이어지는 땅은 우리나라에서 가장 평평해요. 논산평야와 호남평야가 넓게 펼쳐져 있거든요. 예부터 우리나라의 곡식 창고라 불릴 만큼 쌀이 많이 나는 곳이에요. 논산평야에 자리 잡은 부여는 옛 백제의 수도로, 마지막 왕성인 부소산성과 아름다운 백제 문화재들이 남아 있어요.
그런가 하면 바닷가 마을 군산은 우리나라의 아픈 역사를 간직하고 있지요.

• 주요 평야 지역 •

일제 강점기 때 일본이 호남평야에서 나오는 쌀을 빼앗아
군산항을 통해 가져가면서 큰 항구 도시가 되었거든요.
한옥 마을로 유명한 전주는 전통과 예술의 도시예요.
해마다 열리는 전주 대사습놀이에서는
전국의 국악인들이 모여 솜씨를 겨룬답니다.
비빔밥을 비롯한 맛있는 음식으로도 유명하지요.

기차는 황금빛 벼가 출렁대는 호남평야를 지나가고 있어요.
전주, 익산, 김제를 비롯해 여러 도시에 걸쳐 있는 호남평야는
우리나라에서 가장 넓은 평야예요.
전라북도 땅의 3분의 1을 차지하고, 서울 땅의 세 배 넓이지요.
저기 하늘과 땅이 만나는 지평선이 보이나요?
눈으로 지평선을 볼 수 있는 곳은
우리나라에서 딱 하나, 호남평야뿐이랍니다.

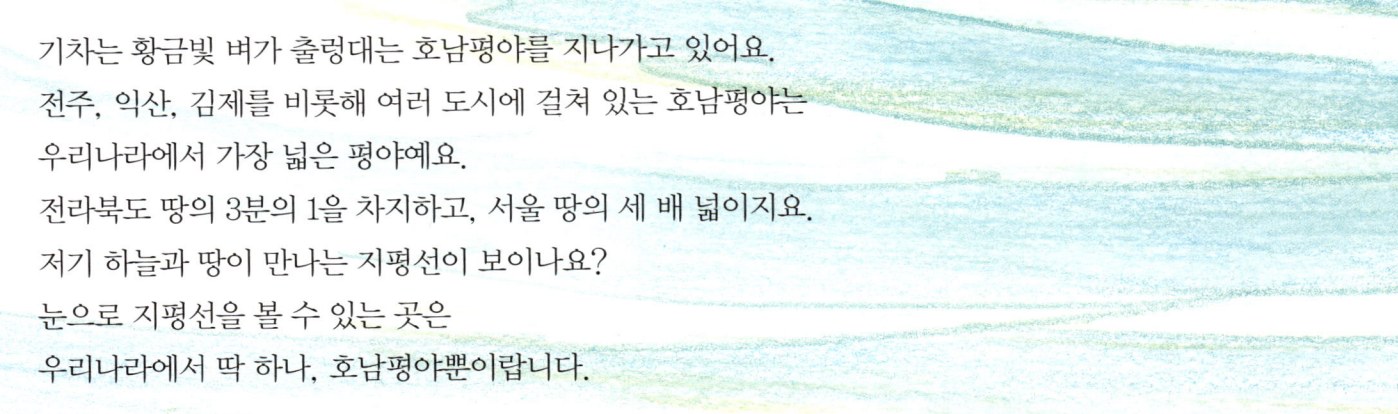

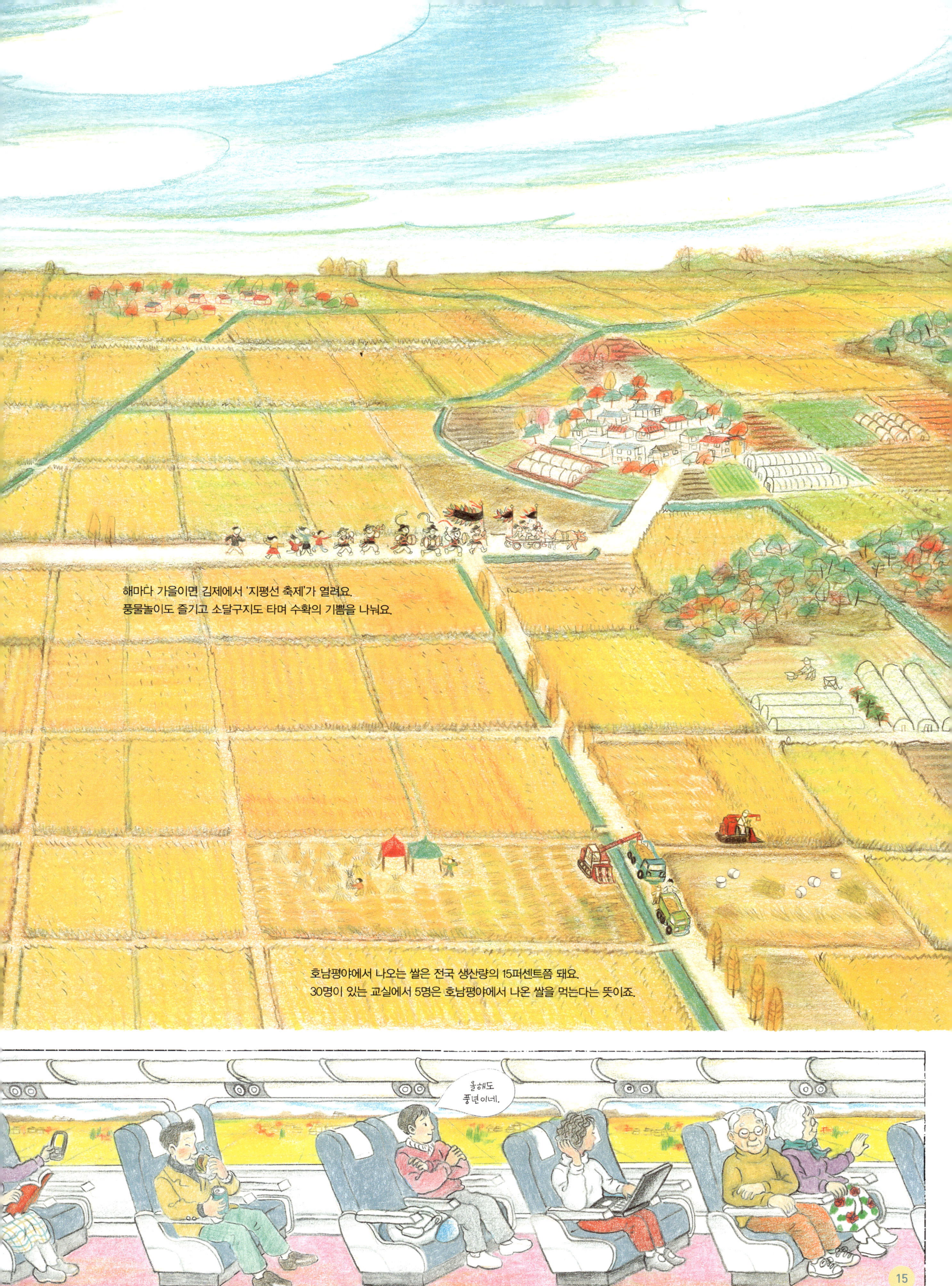

해마다 가을이면 김제에서 '지평선 축제'가 열려요.
풍물놀이도 즐기고 소달구지도 타며 수확의 기쁨을 나눠요.

호남평야에서 나오는 쌀은 전국 생산량의 15퍼센트쯤 돼요.
30명이 있는 교실에서 5명은 호남평야에서 나온 쌀을 먹는다는 뜻이죠.

올해도 풍년이네.

우리 땅 서쪽이 평평하기만 한 건 아니에요. 전라북도와 전라남도 사이에는 노령산맥이 지나고 있어 높은 산이 많아요. 그중 내장산은 '산에 숨겨 놓은 것이 무궁무진하다'는 뜻을 지녔어요. 이름처럼 많은 종류의 단풍나무가 있어서 가을이면 화려한 단풍이 들지요. 기찻길 서쪽으로는 우리나라에서 가장 큰 고인돌 마을 고창이 있고, 바닷가에는 맛 좋은 굴비로 유명한 영광이 있어요.

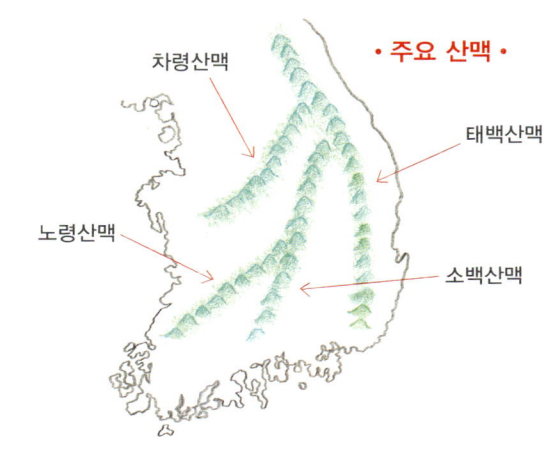

• 주요 산맥 •

기차는 어느덧 무등산이 포근하게 감싸고 있는 광주로 들어섰어요.
광주 하면 많은 사람들이 민주화 운동을 떠올려요. 우리나라 민주주의를
앞당긴 '5·18 광주 민주화 운동'이 일어난 곳이거든요.
또 요즘엔 '광주 비엔날레'가 열려 문화의 도시로 발돋움하고 있어요.
비엔날레는 2년마다 열리는 미술 전시회라는 뜻이지요.

5·18 민주 묘지

우치 공원

전남대학교

국립 광주 미술관
비엔날레 전시관
무등 경기장

광주 종합 버스 터미널

광주 문화 예술 회관

5·18 기념 공원

광주광역시청

하남 산업 단지

광주천

소촌 농공 단지

가비와 다비는 광주송정역에서 내려 할머니를 만났어요.

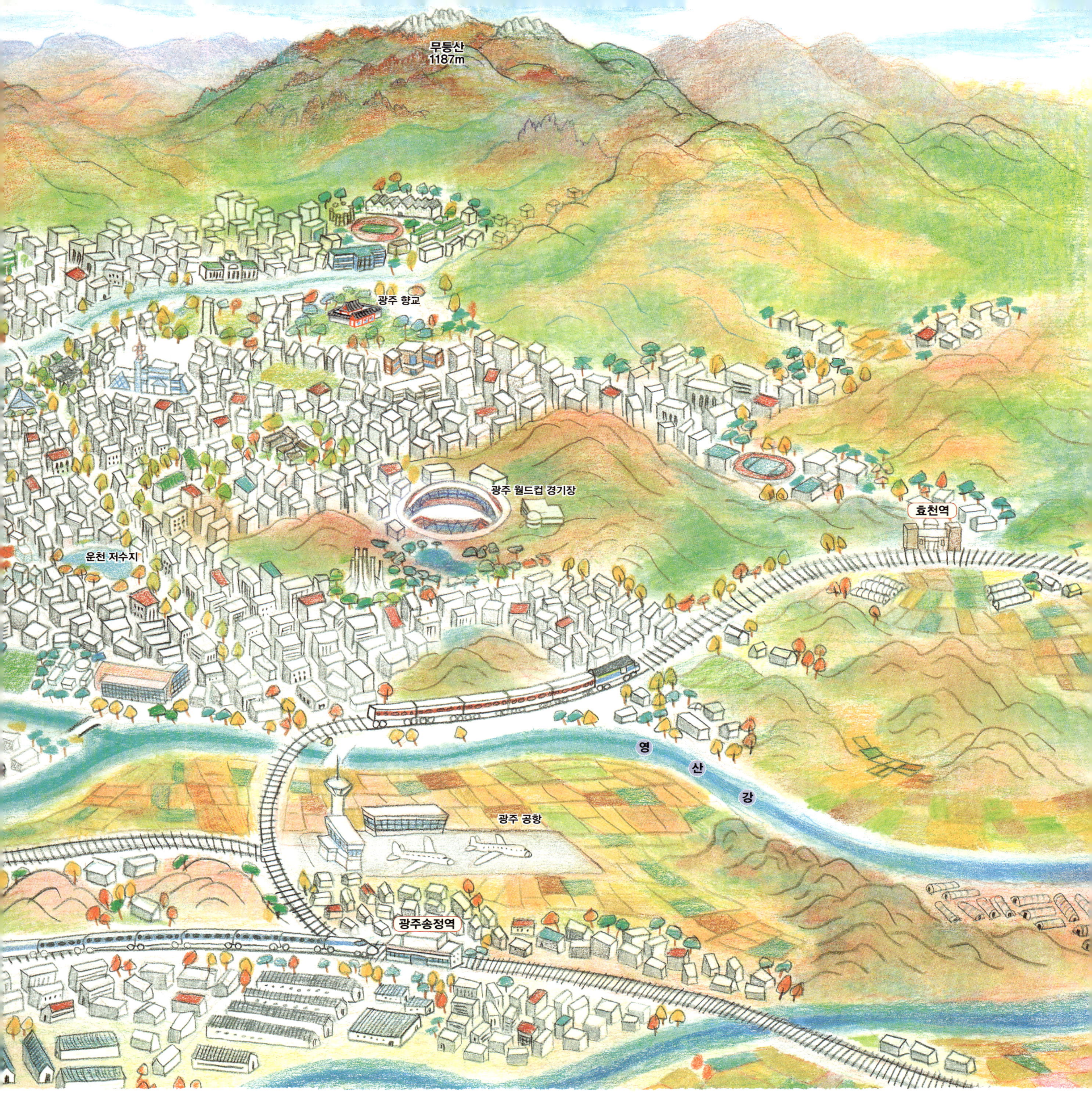

한편 홍이 가족은 광주 비엔날레 구경을 마치고 광주송정역에서 경전선 기차를 탔어요.

기차는 화순을 지나 남쪽으로 달려가요. 전라남도에는 섬이 아주 많아요. 우리나라에 있는 4000여 개 섬 중 절반이 이곳에 있지요. 밤하늘의 별처럼 섬들이 촘촘히 박혀 있는 이곳 바다를 '다도해 해상 국립 공원'이라고 해요. 가장 큰 섬은 진도! 우리나라에서 제주도, 거제도 다음으로 크지요. 만일 진도에서 개를 만난다면 "안녕, 진돗개야!" 이렇게 인사를 해도 된답니다.

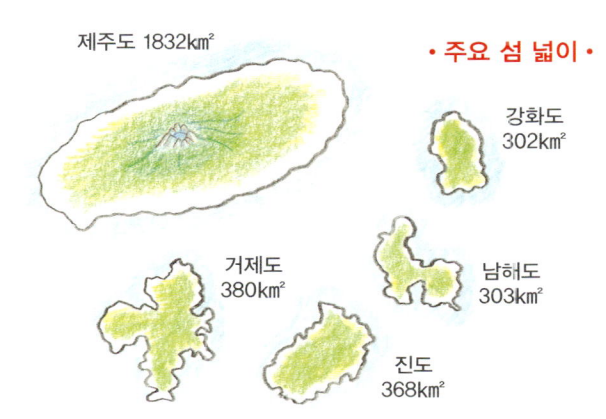

· 주요 섬 넓이 ·

제주도 1832km²
강화도 302km²
거제도 380km²
남해도 303km²
진도 368km²

천연기념물인 진돗개 혈통을 보존하기 위해 진도에서는
진돗개만 기르거든요. 또 바닷물을 끌어들여 천일염을 만드는 증도,
신라 시대 장보고가 해적들을 물리치고 바닷길을 열었던 완도,
하늘도 산도 바다도 모두 푸르다는 뜻을 지닌 청산도…….
수많은 섬들마다 예쁜 이름과 재미난 이야기를 품고 있지요.

천일염이란 바닷물을 염전으로 끌어들여 햇볕과 바람에 증발시켜 만드는 소금이란다.

기차가 갯벌이 드넓게 펼쳐진 벌교를 지나가요. 갯벌은 아주 오랜 시간 동안 밀물과 썰물이 드나들면서 잔모래와 진흙을 차곡차곡 쌓아 놓은 곳이에요.
갯벌에는 영양분이 많아서 수많은 생명체들이 살아가고 있어요.
이 생물들은 활발히 먹이 활동을 하면서 육지에서 흘러든 유기물을 분해해 오염 물질이 바다로 들어가는 것을 막아 줘요.
그래서 갯벌을 '자연의 콩팥'이라고 한답니다.

• 갯벌 생태계 •

"아빠, 동해안에는 왜 여기처럼 갯벌이 없어요?"
"동해안은 밀물과 썰물의 차이가 거의 없기 때문이야. 우리나라 서해안과 남해안은 갯벌이 많기로 세계에서도 손꼽히는 곳이지. 우리가 다음 역에 내려서 둘러볼 순천만도 아주 큰 갯벌이란다."
'만'은 바다가 육지 사이로 쑤욱 들어온 곳을 말해요. 만 주변에 툭 튀어나온 땅은 '반도'나 '곶'이라고 하는데, 순천만은 고흥반도와 여수반도 사이에 있지요.

순천만은 갈대 축제가 한창이에요.
8000년 동안 서서히 만들어진 진회색 갯벌에
황금빛 갈대들이 물결처럼 출렁거려요.
서로 꼭 붙어서 서걱서걱 속삭이면서 말이죠.
순천만은 수많은 생명체들의 집이에요.
갯벌에는 게, 짱뚱어, 조개, 참갯지렁이가 살고,
우리나라 새의 절반인 200여 종의 새들이 살아요.
가을이 되면 흑두루미, 재두루미, 개똥지빠귀,
쇠기러기 같은 철새들이 찾아와 겨울을 나지요.

갈대밭은 바다의 오염과 홍수를 줄여 주고, 새들의 보금자리가 되어 주어요.
순천만은 오염되지 않은 자연의 모습을 잘 간직하고 있어요.
그래서 2006년 국제 습지 보호 조약인 람사르 협약에 등록되었지요.

순천만에서 해 지는 모습을 보려면 빨리 가야 해.

기차가 광양역을 지나 달리는데 섬진강이 나타났어요.
"이 강을 건너면 전라도에서 경상도로 넘어가는 거야.
저기 봐! 저 멀리 지리산도 보이네."
아빠 말을 듣던 홍이는 갑자기 궁금해졌어요.
"그럼, 지리산은 전라도예요, 경상도예요?"
"둘 다 맞아! 지리산은 큰 산이라 전라도와 경상도에 걸쳐 있거든."

• 주요 산 높이 •

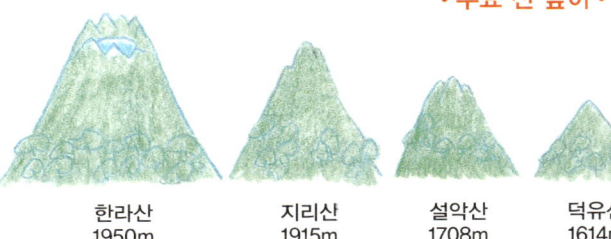

한라산 1950m   지리산 1915m   설악산 1708m   덕유산 1614m

기찻길 남쪽의 해안선은 만과 섬들이 많아서 아주 꼬불꼬불해요.
덕분에 파도가 잔잔하고 바닷물이 따뜻해서 김, 미역, 굴을 기르기 좋아요.
곳곳에 그물처럼 쳐 놓은 양식장이 푸른 바다를 수놓고 있지요.
또 남해에는 '한려 해상 국립 공원'이 있어요. 여수, 남해, 통영 앞바다를
아우르는 곳으로, 300여 개의 섬과 바다 풍경이 정말 아름다워요.
이곳에는 한산도를 비롯한 이순신 장군 유적지가 많아요.

창원을 지나 부산으로 가는 길에는 공장들이 많이 보여요.
광양에서 창원, 부산, 울산, 포항까지, 남동 해안에는 공업 도시들이
바나나 모양으로 길게 늘어서 있지요. 제철 공장, 자동차 공장,
배를 만드는 조선소 들은 차를 타고 돌아다녀야 할 만큼 넓어요.
특히 거제도에는 세계에서 손꼽히는 큰 조선소가 있어요.
이곳은 파도가 잔잔해서 배를 바다 위에 띄워 놓고 만들기 좋거든요.

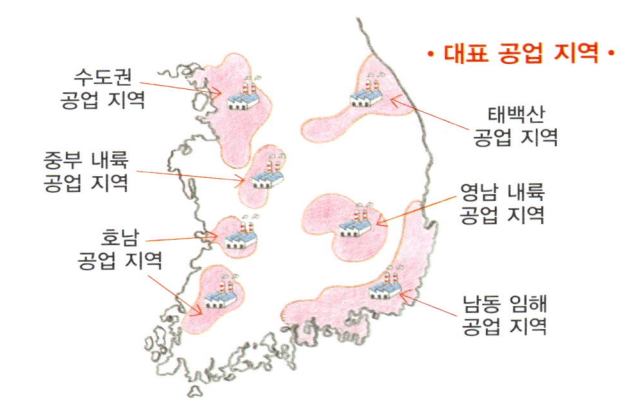

• 대표 공업 지역 •
수도권 공업 지역
태백산 공업 지역
중부 내륙 공업 지역
영남 내륙 공업 지역
호남 공업 지역
남동 임해 공업 지역

이렇게 공장들이 바닷가를 따라 있는 건 배를 대는 항구가 가깝기 때문이에요. 바닷길을 통해 물건을 사고팔기에 좋으니까요.
어느덧 기차는 경전선의 종점인 부산으로 들어섰어요.
부산은 우리나라에서 가장 큰 항구 도시라 일 년 내내 배들이 끊임없이 드나들지요. 넓고 아름다운 해수욕장이 많고,
해마다 10월이면 부산 국제 영화제가 열리기도 해요.

홍이 가족은 긴 기차 여행을 마치고 경전선의 종착역인 부전역에 도착했어요.

한편 우리 땅 탐방 동아리 친구들은 부전역에서 기차에 올라타요.

경상남도는 바다와 맞닿아 있지만 태백산맥 끝자락에 있기 때문에
산도 많아요. 가지산을 중심으로 밀양, 양산, 청도, 울산에 걸쳐
해발 1000미터가 넘는 산들이 이어지지요. 기차가 송정역에 이르자
창밖으로 넓은 모래사장과 푸른 바다가 시원하게 펼쳐져요.
서해안과 남해안은 대부분 갯벌과 모래사장이 같이 있는데,
동해안에는 모래사장만 있어 여름에 해수욕하기 좋아요.

• 모래의 여행 •

산의 바위가 오랜 시간 동안 깎이고 깎여 모래가 되어

강물을 따라 흘러내려와 바닷가에 쌓여요.

"저 모래는 어디서 왔을까요? 육지일까, 바다일까?"
털보 선생님이 창밖을 가리키며 물었어요.
"바다요, 바다!" 아이들이 합창을 하듯 대답했지만 모두 틀렸어요.
모래는 강물을 따라 바다로 흘러나오기 때문에 정답은 육지예요.
동해안 곳곳에 펼쳐져 있는 넓은 모래사장은 태백산맥에서
작은 강을 타고 내려온 모래들이 쌓이고 쌓여서 생긴 거지요.

기차가 불국사역을 지나 경주 시내로 들어섰어요. 경주는 길이 바둑판처럼 반듯반듯하고 사방이 토함산, 남산 들로 둘러싸여 있어요. 또 곳곳에 하천이 흐르고 기름진 땅이 많아 자그마치 1000년 동안이나 신라의 수도였지요. 그래서 경주에서는 발길 닿는 곳마다 신라의 역사 유적과 문화재를 만날 수 있어요. 도시 자체가 하나의 거대한 박물관인 셈이죠.
"경주에는 세계인이 인정한 자랑스러운 보물들이 있어요. 무엇일까요?"

"불국사요." "석굴암이요." 아이들이 앞다투어 대답했어요.
"맞아요. 석굴암과 불국사, 그리고 경주 역사 유적 지구와
양동 마을은 유네스코 세계 문화유산으로 등록되었지요."
석굴암과 불국사는 과학적으로 매우 치밀하게 만들었을 뿐 아니라,
신성한 아름다움까지 갖추고 있어요. 경주 역사 유적 지구와 양동 마을은
옛 조상들의 문화와 전통을 잘 간직하고 있는 곳이지요.

덕유산
1614m

가야산
1433m

팔공산
1193m

낙 동 강

동화사

보현산
1124m

면봉산
1121m

천문대

영천역

영천호

형 산 강

포항 공항

포항 제철소

칠포 해변

월포 해변

영 일 만

호미곶 등대

경상북도를 지나 강원도에 가까워질수록 산이 점점 많아지고 높아져요.
하회 마을이 있어서일까요? 안동 하면 '양반의 도시'가 먼저 떠오르지만,
안동에 가 본 사람들은 새로운 모습을 알게 돼요. 바로 '물의 도시' 안동이지요.
댐을 만들면서 생긴 커다란 인공 호수 안동호와 임하호가 있고,
태백에서 시작된 낙동강이 도시를 가로질러 힘차게 흘러가거든요.

• 주요 강 길이 •

낙동강 510km

한강 494km

금강 398km

기차가 높은 산과 산 사이로 계속 달려가요. 때로는 산에 부딪칠 듯 바짝 다가서기도 하면서요. "하나, 둘, 셋, 넷, 다섯……."
임기역에서 현동역 사이에는 터널이 자그마치 아홉 개나 있어요.
"선생님, 여기는 왜 이렇게 터널이 많아요?"
"산이 많으니까 기차가 다니려면 터널도 많이 뚫어야겠죠."

다음 역인 동백산역에 내려 매봉산을 답사할 거예요.

손을 뻗으면 구름이 닿을 듯한 매봉산 꼭대기에는
일 년 내내 바람이 씽씽 불어요.
빙글빙글 돌아가는 커다란 바람개비는
바람의 힘으로 전기를 일으키는 풍력 발전기랍니다.
그리고 산기슭에 평평하게 펼쳐진 땅은 고랭지 배추밭이지요.
높고 서늘한 곳에서 기르는 고랭지 배추는 사각사각 맛있어요.
평지에서는 배추가 나지 않는 여름에 거두기 때문에 더욱 인기가 좋지요.
여름에 왔더라면 거대한 배추 숲을 볼 수 있었을 거예요.

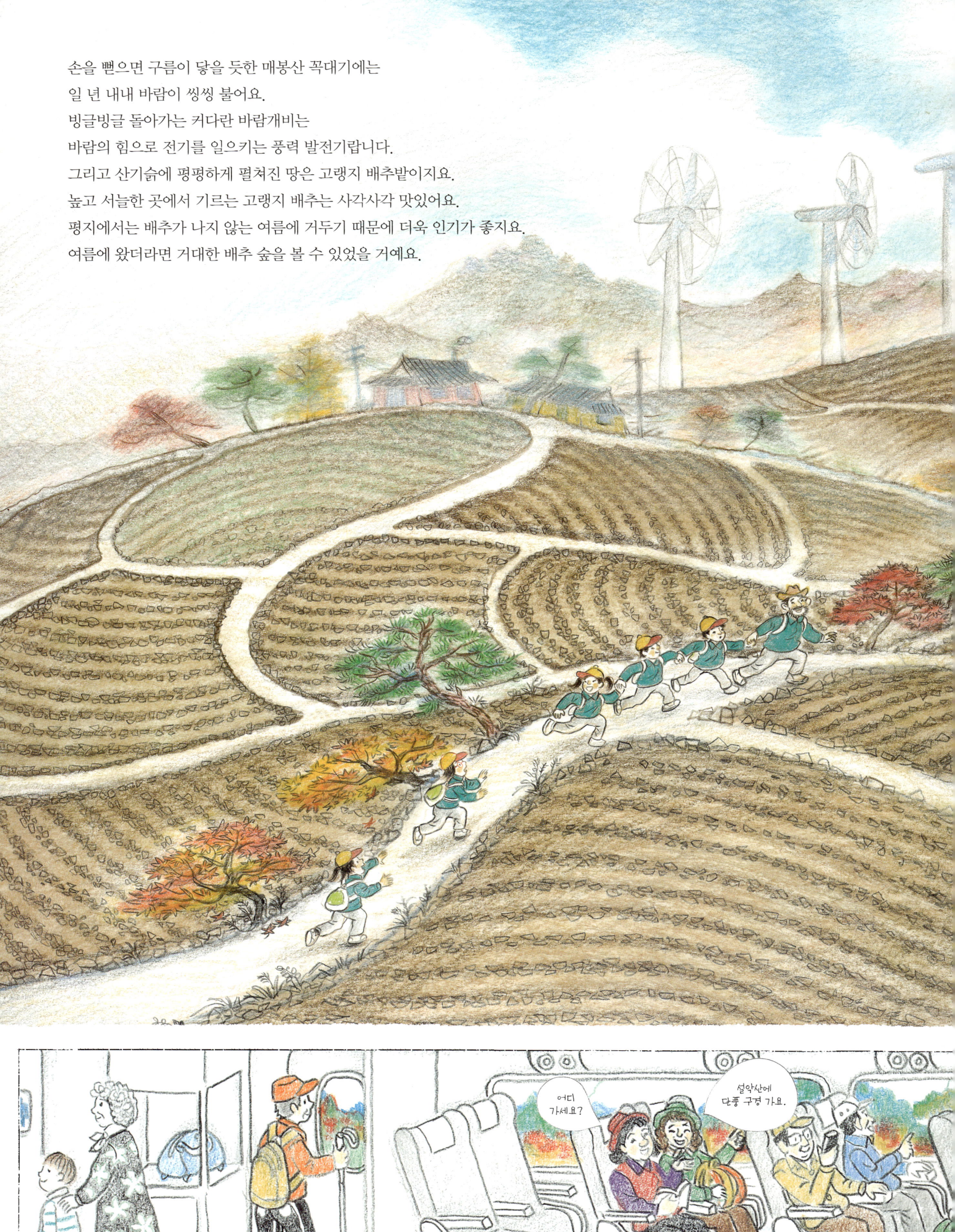

우리 땅 동쪽에 우뚝 솟은 태백산맥은 강원도에 이르러 오대산과 설악산으로 이어지며 북쪽 땅까지 힘차게 뻗어 가요. 과연 우리 땅의 척추답지요. 그런데 철길은 아쉽게도 강릉에서 끝나고 더 이상 이어지지 않아요. 통일이 되면 그땐 기차를 타고 북쪽 땅 백두산까지 갈 수 있겠지요. 태백산맥을 벗어난 기차가 오랜만에 바다를 곁에 두고 달리기 시작해요.

· 휴전선과 비무장 지대 ·

뿌옇게 밝아 오는 새벽 바다에는 오징어잡이 배들이 항구로 돌아오고 있어요.
따뜻한 난류와 차가운 한류가 섞여 흐르는 동해에서는 고기잡이를 많이 해요.
명태처럼 한류에 사는 물고기와 오징어처럼 난류에 사는 물고기를
모두 잡을 수 있으니까요. 이제 곧 기차가 정동진역에 도착할 거예요.
정동진역은 세계에서 바다와 가장 가까운 기차역이지요.

정동진역에 내린 털보 선생님과 아이들이 바다를 마주하고 섰어요.
이른 새벽 일출을 보러 달려온 사람들에게 보답이라도 하듯,
붉은 해가 바다 위로 둥실 떠올랐어요.
"우리 해를 보면서 소원을 빌어 볼까?"
털보 선생님 말에 아이들은 손을 모으고 눈을 감았어요.
해는 꼭 소원을 들어줄 거예요.

우리 땅, 더 가 보아요!

우리 땅이지만 기차를 타고 갈 수 없는 곳이 있어요.
제주도와 울릉도를 비롯한 여러 섬들과 휴전선으로 가로막힌 북한 땅이에요.
그럼, 기차로 가 보지 못한 우리 땅을 더 가 볼까요?

방패를 닮은 섬 제주도

제주도는 우리나라에서 가장 큰 섬이에요. 두 번째로 큰 섬인 거제도보다 다섯 배나 크지요. 제주도는 수차례의 화산 활동으로 만들어진 섬인데, 옆에서 보면 방패를 엎어 놓은 모양이고 하늘에서 보면 고구마를 닮았어요. 제주도 한가운데에는 남한에서 가장 높은 산 한라산이 솟아 있고, 그 정상에는 흰 사슴이 물을 먹는다는 호수 백록담이 있어요. 제주의 중심 한라산, 아름다운 해돋이로 유명한 성산 일출봉, 그리고 만장굴과 김녕굴처럼 신비로운 모습을 자랑하는 용암 동굴 들은 아름다운 경관과 생태적 가치를 인정받아 2007년 유네스코 세계 자연 유산으로 지정되었어요. 그 밖에도 곳곳에 밥그릇을 엎어 놓은 것처럼 볼록볼록 솟아 있는 360여 개의 오름들, 파도가 현무암을 깎아 만든 파식대를 비롯해 섬 전체에 아름다운 풍경이 가득해서 일 년 내내 관광객으로 북적거린답니다.

제주도는 땅속에 갈라진 틈이 많아 비가 오면 물이 땅속으로 스며들어요. 그래서 물이 많이 필요한 벼농사는 거의 짓지 못하고 대부분 밭농사를 지어요. 가장 많이 짓는 건 감귤 농사로, 우리나라 귤 대부분이 제주도에서 나지요. 요즘에는 귤보다 크고 단맛이 강한 한라봉이 인기가 많답니다.

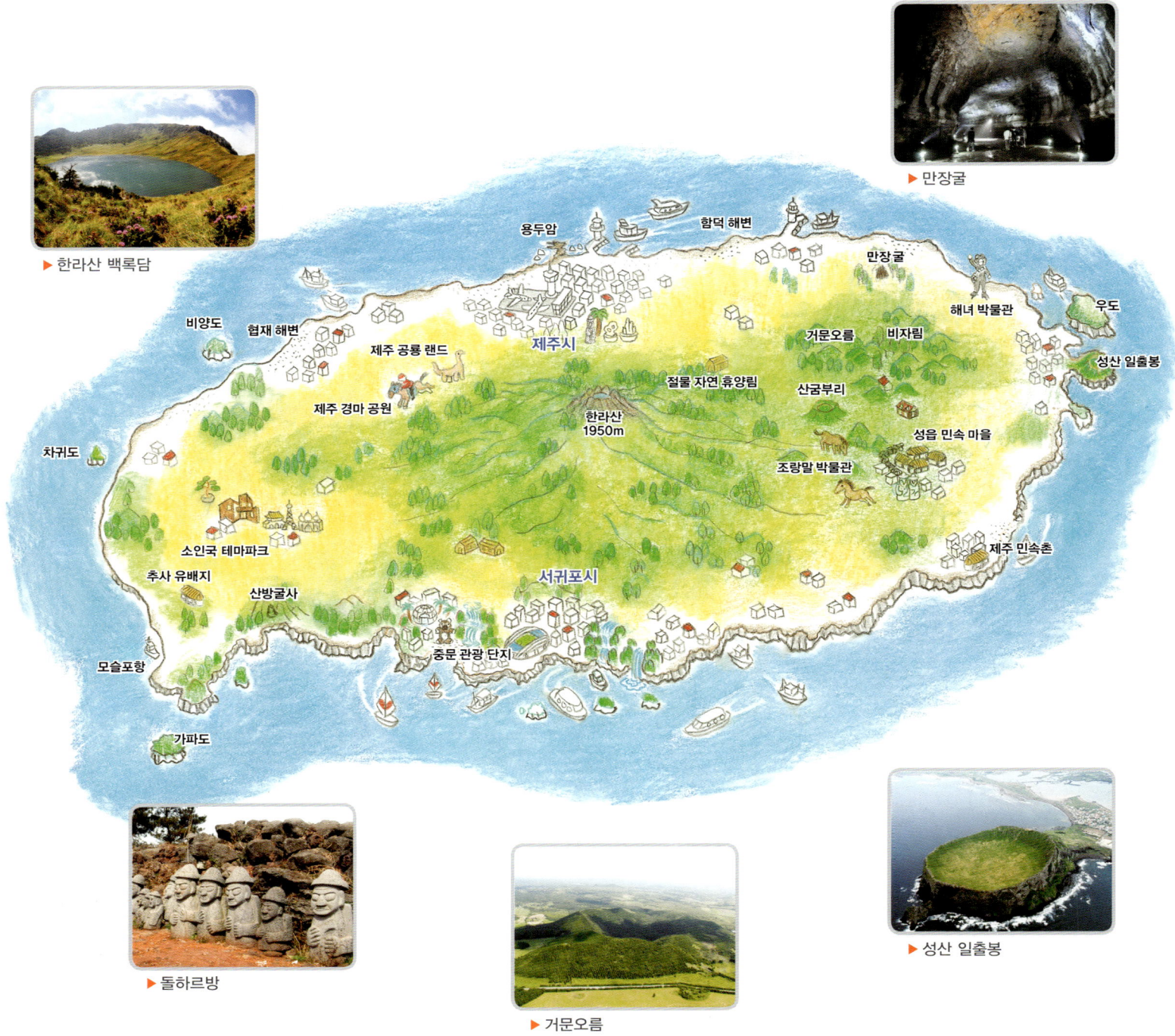

▶ 한라산 백록담

▶ 만장굴

▶ 돌하르방

▶ 거문오름

▶ 성산 일출봉

종을 닮은 섬 울릉도와 독도

울릉도는 동해에 있는 몇 안 되는 섬 가운데 하나로, 제주도처럼 화산 폭발로 만들어졌어요. 바다 위로 약 1000미터, 바다 밑으로는 2000미터가 뻗어 있는 하나의 큰 화산이지만, 바다로 둘러싸여 있어 섬으로 불리지요. 울릉도는 종 모양으로 되어 있어서 가파르고 경사진 곳이 많아요. 유일하게 평평한 땅은 울릉도 정상 성인봉 북쪽에 있는 나리 분지예요. 산봉우리로 둘러싸인 넓은 평지에 사람들이 모여 마을을 이루고 있지요. 눈이 많이 내리는 울릉도에는 이곳만의 특별한 집이 있어요. 억새풀로 엮은 우데기를 집 전체에 둘러 눈과 바람을 막는 투막집이에요. 또 울릉도 주민들은 고기잡이를 많이 하는데, 특히 울릉도 오징어는 맛 좋기로 유명하지요.

울릉도 동남쪽에는 우리 땅 동쪽 끝인 독도가 있어요. 독도는 아주 작은 바위섬이지만 우리 땅을 동쪽으로 넓혀 주는 소중한 땅이에요. 독도 주변에는 물고기 종류가 다양하고 하이드레이트를 비롯해 석유를 대체할 미래의 지하자원들이 많이 묻혀 있답니다.

▶ 울릉도 투막집

▶ 성인봉 표석

▶ 나리 분지

▶ 저동항

▶ 독도 등대와 경비대

휴전선 너머 북쪽 땅

휴전선 너머 북쪽에는 북한 땅이 있어요. 북한에는 남한보다 높은 산이 많아요. 높은 산은 주로 개마고원과 마천령 산맥이 있는 북쪽, 함경산맥이 지나는 동쪽에 있어요. 우리나라에서 가장 높은 산인 백두산을 포함해서 해발고도 2000m가 넘는 산들이 여럿 있지요. 또 아름답기로 이름난 금강산도 북한의 동쪽에 있답니다. 북한은 남한보다 북쪽이라 겨울이 더 춥고 길어요. 여름은 남한보다 덜 덥지요. 그래서 논농사보다는 밭농사를 많이 짓는데, 추운 데서 잘 자라는 옥수수·조·보리·밀·감자·콩 따위를 많이 기르지요. 또 북한 땅은 철·석탄·마그네사이트 같은 지하자원도 풍부하답니다.

북한의 큰 강으로는 압록강, 두만강, 대동강, 청천강 들이 있어요. 대부분의 강은 황해로 흘러드는데, 두만강은 우리나라의 큰 강 중에서 유일하게 동해로 흘러들어요.

평야는 남한과 마찬가지로 주로 서쪽 땅에 펼쳐져 있어요. 북한에서 가장 큰 도시인 평양을 포함해서 사리원, 남포, 개성 같은 큰 도시들도 서쪽 평야 지대에 있지요. 평양에는 평양성과 단군릉이 있으며, 고려의 수도였던 개성에는 만월대를 비롯한 고려 시대 유적이 많이 남아 있답니다.

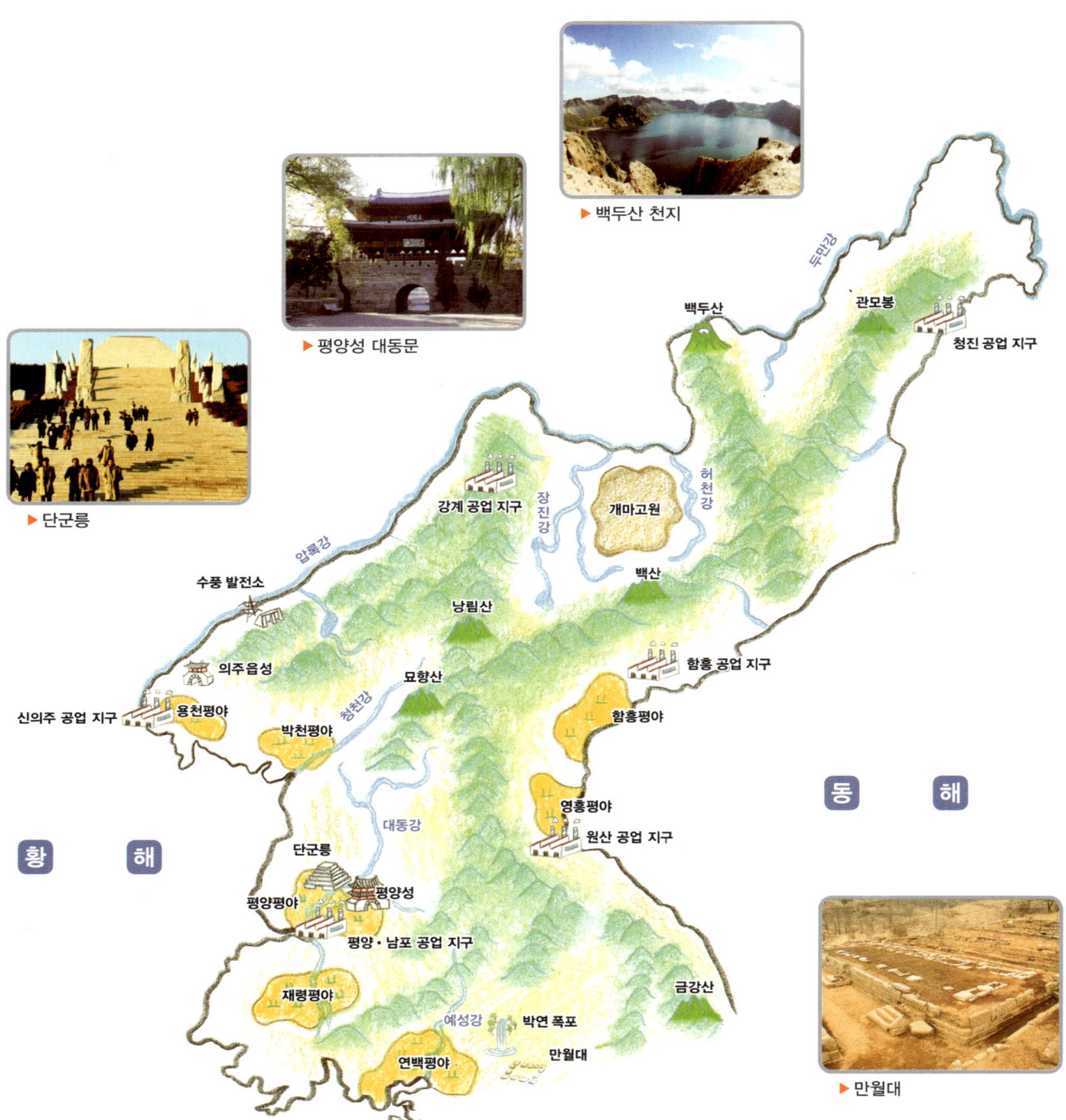

우리 땅, 더 궁금해요!

우리 땅을 높은 하늘에서 내려다본다면 어떨까요?
아마 우리 땅이 지구에서 어디쯤 있는지, 어떤 모양인지,
어디까지가 우리 땅인지가 한눈에 다 보이겠죠. 그럼 하늘 높이 올라가
우리 땅을 내려다보면서 궁금한 걸 더 알아볼까요?

우리나라 위치는 지구에서 어디일까?

우리나라는 둥근 지구에서 적도 위쪽인 북반구에 있어요.
세계 여섯 개 대륙 중에서 아시아 대륙 동쪽 끝에 있지요.
보세요! 길쭉한 모양으로 바다를 향해 불룩 튀어나와 있죠?
이런 땅을 반도라고 하는데, 우리 땅은 한반도라고 부르지요.
한반도는 아시아 대륙과 태평양을 잇는 다리 역할을 해요.
대륙으로는 세계에서 가장 인구가 많은 중국과 이어지고,
바다를 통해서는 넓은 세계로 나아갈 수 있어요.

우리나라 땅끝은 어디일까?

북한을 포함한 우리나라의 동서남북 땅끝이
어디인지 알아볼까요?
우리나라 동쪽 끝은 동해의 작은 섬 독도의 동도예요.
우리나라 서쪽 끝은 압록강에 떠 있는 마안도(비단섬)예요.
우리나라 남쪽 끝은 제주도 아래쪽에 있는 마라도예요.
우리나라 북쪽 끝은 함경북도에 있는 유원진이에요.
그리고 우리 땅 한가운데는 강원도 양구에 있어요.

우리나라의 산, 강, 바다는 어떻게 생겼을까?

우리 땅에는 산이 많아요. 국토의 절반이 넘는 땅이 산이거든요. 산 중에는 500미터가 못 되는 낮고 둥근 산들이 대부분이에요. 높은 산이 오랜 시간 동안 깎이고 깎여서 만들어졌지요. 이렇게 낮은 산들은 주로 서쪽에 많고, 북쪽과 동쪽에는 1500~2000미터가 넘는 높은 산들도 있어요.

우리나라에서 가장 긴 강은 압록강으로 790킬로미터나 되지요. 그 다음으로 긴 강은 두만강(521km), 낙동강(510km), 한강(494km)이에요. 우리나라 강은 대부분 동에서 서로 흘러요. 그래서 강을 끼고 발달한 평야도 서쪽에 많지요. 호남평야, 나주평야, 김포평야는 벼농사를 주로 짓는 우리 땅의 곡식 창고예요.

우리나라에는 동해, 황해, 남해가 있어요. 황해와 남해는 해안선이 복잡해요. 수심이 얕고 밀물과 썰물의 차이가 크기 때문에 갯벌이 많지요. 특히 서해안에는 우리나라 전체 갯벌의 약 80퍼센트가 있어요. 동해는 평균 수심이 1700미터쯤 되는 깊은 바다예요. 아주 깊은 곳은 3000미터도 넘어요. 동해안은 해안선이 단조롭게 뻗어 있어요. 물이 깊고 밀물과 썰물의 차이가 거의 없기 때문에 갯벌 대신 모래사장이 발달했지요. 물이 차고 맑아서 여름이면 해수욕을 하려는 관광객들이 많이 찾아와요.

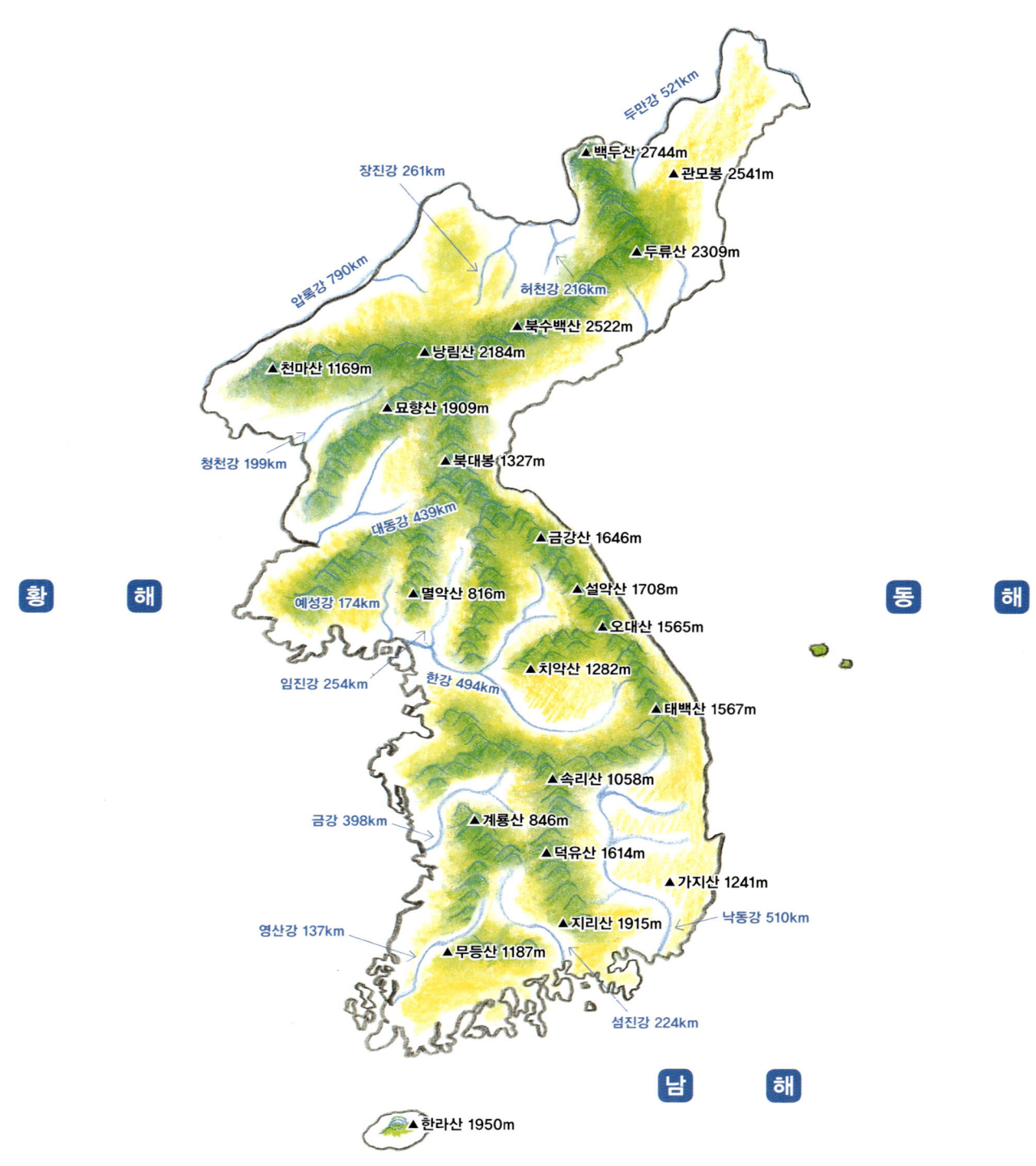

우리나라를 왜 팔도강산이라고 불렀을까?

예부터 우리 땅을 팔도강산이라고 불렀어요. 조선 초기에 전국을 여덟 개 도로 나누고 함경도, 평안도, 황해도, 강원도, 경기도, 충청도, 전라도, 경상도라고 이름 붙였어요. 각 도에서 가장 큰 고을 이름의 머리글자를 합하여 지은 이름이지요. 이때 만든 행정 구역이 오랫동안 이어져 오면서 자연스럽게 우리 땅을 팔도강산으로 부르게 된 거예요. 조선 말 고종 임금 때 다섯 개의 도를 남북으로 나누어 13도가 되었다가, 남북이 분단되면서는 더 큰 변화가 생겼어요. 남한에서는 제주도를 새로 만들고 북한에서는 양강도와 자강도를 새로 만들었지요. 남한에는 특별시 1개(서울)와 광역시 6개(부산, 인천, 대구, 광주, 울산, 대전), 특별자치시 1개(세종), 북한에는 직할시 1개(평양)와 특별시 3개(개성, 나선, 남포)가 있답니다.

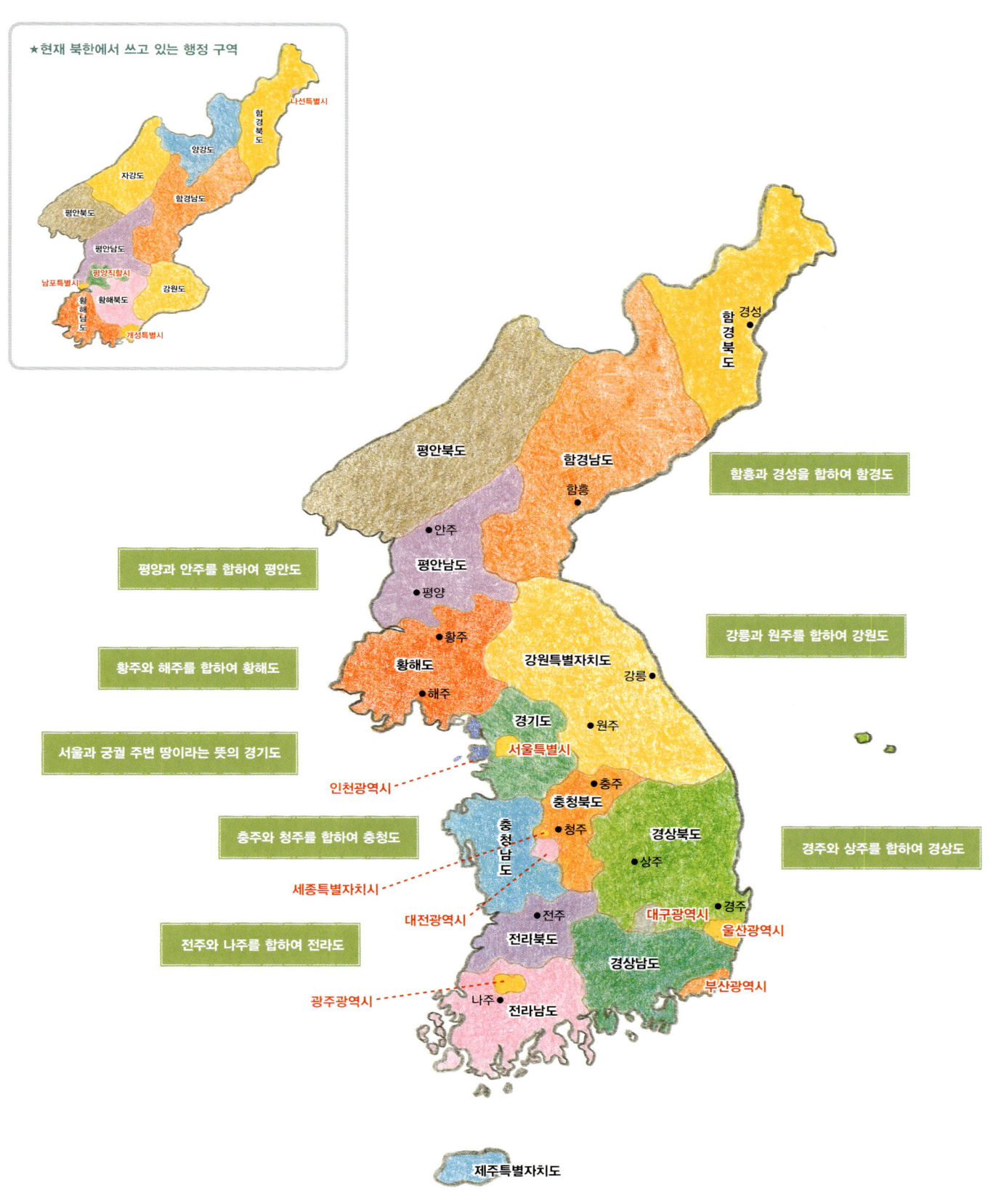

찾아보기

ㄱ

가덕도 • 28
가덕도 등대 • 28
가덕 해저 터널 • 28
가리왕산 • 40
가마미 해변 • 16
가시도 • 20
가야산 • 27, 36
가지산 • 33, 34
가천 다랭이 마을 • 26
간월산 • 33
간월호 • 10
간절곶 등대 • 33
감은사지 석탑 • 35
감천 문화 마을 • 30
감포항 • 35
강릉역 • 41
강진 고려청자 가마터 • 21
강진만 • 21
강화 고인돌 공원 • 8
강화도 • 8
개도 • 23
거가 대교 • 28
거금도 • 21, 22
거제 대교 • 28
거제도 • 28
거제 조선소 • 28
거제 해금강 • 28
경복궁 • 4
경주 남산 • 34
경주역 • 35
경포대 • 41
경포호 • 41
경희궁 • 4
계룡산 • 11
계룡역 • 12
계양산 • 8
고군산 군도 • 12
고금도 • 21
고래불 해변 • 37
고성 공룡 박물관 • 27
고성산 • 17
고창 고인돌 공원 • 16
고창 읍성 • 16
고헌산 • 33
고흥반도 • 22
고흥호 • 22
곰소만 • 16
공양왕릉 • 40
과천 서울 대공원 • 9
관악산 • 9
광덕산 • 10
광명역 • 9

광안 대교 • 29, 31, 32
광안리 해변 • 31
광양만 • 23
광양역 • 23
광양 제철소 • 23, 26
광주 공항 • 19
광주광역시청 • 18
광주 문화 예술 회관 • 18
광주 비엔날레 전시관 • 18
광주송정역 • 17, 19
광주 월드컵 경기장 • 19
광주 종합 버스 터미널 • 18
광주천 • 18
광주 향교 • 19
광화문 • 4
괘릉 • 34
교동도 • 8
구덕산 • 30
구덕 운동장 • 30
구조라 해변 • 28
구포역 • 29
국립 광주 미술관 • 18
국립 경주 박물관 • 35
국립 대전 현충원 • 11
국립 서울 현충원 • 5
국립 중앙 박물관 • 5
국사봉 • 21, 28
국토 정중앙 천문대 • 41
국회 의사당 • 5
군산 공항 • 12
군산항 • 12
군장 국가 산업 단지 • 12
금강 • 11, 12
금강 하굿둑 • 12
금강 하굿둑 철새 도래지 • 12
금당도 • 21, 22
금련산 • 31
금오도 • 23
금산 • 26
금오산 • 26
금정산 • 31, 33
금탑사 • 22
금호호 • 20
기림사 • 35
김유신 장군 묘 • 35
김제역 • 13
김포 국제공항 • 8
김포평야 • 8
김해 국제공항 • 29, 32
김해평야 • 28, 32
꽃지 해변 • 10

ㄴ

나로 우주 센터 • 22
나정 • 35
나주평야 • 21
나주호 • 21
낙동강 • 28, 32, 36
낙동강 하굿둑 • 29
낙산 • 5
낙산사 • 41
낙안 읍성 • 22
남강 • 27
남동 산업 단지 • 9
남산 • 5
남창역 • 33
남한강 • 9, 40
남한산성 • 9
남해 대교 • 26
남해도 • 26
낭도 • 23
낭도 등대 • 23
내소사 • 13
내장사 • 16
내장산 • 16
노들섬 • 7
노화도 • 20
녹동 신항 여객선 터미널 • 22
논산역 • 12
논산평야 • 12
능제 저수지 • 12

ㄷ

다대포 해변 • 29
다도해 해상 국립 공원 • 20
다산 초당 • 21
단석산 • 35
담양호 • 16
당동만 • 27
대관령 양떼 목장 • 41
대둔산 • 11
대릉원 • 35
대명리 포구 • 8
대모도 • 21
대부도 • 9
대불 국가 산업 단지 • 20
대전광역시청 • 11
대천 해변 • 11
대청호 • 11
대포항 • 41
대흥사 • 20
덕갈산 • 37
덕동호 • 35
덕수궁 • 4
덕유산 • 13, 36
덕태산 • 16

도계역 • 40
도봉산 • 5
도산 서원 • 37
도초도 • 20
독립 기념관 • 10
독립문 • 4
돌산도 • 23
동강 • 40
동대문 역사 문화 공원 • 5
동백산역 • 40
동복호 • 21
동삼동 패총 전시관 • 30
동작 대교 • 7
동진강 • 13
동해역 • 40
동호 등대 • 16
동화사 • 36
두륜산 • 20
두웅 습지 • 10
득량만 • 22
득량역 • 22

ㅁ

가니산 • 8
마산 자유 지역 • 28
마이산 • 13
마포 대교 • 6
만경강 • 12
만리포 해변 • 10
말도 • 12
말도 등대 • 12
망상 해변 • 41
망운산 • 26
매봉산 바람의 언덕 • 40
맹방 해변 • 40
면봉산 • 36
뗭도 • 12
명동산 • 37
명동 성당 • 5
명사십리 해변 • 21
모악산 • 13
모후산 • 22
목포항 • 20
몽산포 해변 • 10
묘도 • 23
무녀도 • 12
무등 경기장 • 18
무등산 • 17, 19, 21
무령왕릉 • 11
무룡산 • 33
무안 국제공항 • 17
무열왕릉 • 35
무의도 • 9

50

무학산 • 28
묵호항 • 41
문경 새재 • 37
문무대왕릉 • 34
문화역서울284 • 5
미륵사지 석탑 • 12
미륵산 • 27
미시령 • 41
민주지산 • 13
밀양강 • 28

ㅂ
반포 대교 • 7
밤섬 • 6
방어진항 • 33
방장산 • 16
방죽포 해변 • 23
방축도 • 12
방태산 • 41
방태산 자연 휴양림 • 41
백암산 • 37
백양산 • 31
백운산 • 23
백화산 • 11, 12
범어사 • 29
벌교역 • 22
법성항 • 16
법주사 • 11
벡스코 • 31
벽골제 • 13
변산반도 • 13
변산 해변 • 13
병풍산 • 16
보길도 • 20
보라매 공원 • 5
보령 화력 발전소 • 11
보문 관광 단지 • 35
보문사 • 8
보문호 • 35
보성 녹차밭 • 21
보성만 • 21, 22
보성역 • 21
보신각 • 4
보현산 천문대 • 36
봉래산 • 30
부남호 • 10
부산광역시청 • 31
부산 국제 여객 터미널 • 30
부산 박물관 • 31
부산 사직 종합 운동장 • 31
부산 문화 회관 • 31
부산항 • 29, 30
부소산성 • 11

부안 내소사 • 13
부안호 • 13
부전역 • 29, 31
북악산 • 4
북촌 한옥 마을 • 4
북한강 • 8, 41
북한산 • 4
북항 대교 • 30
불갑산 • 17
불갑 저수지 • 17
불국사 • 35
불국사역 • 34
불모산 • 28
비금도 • 20
비룡산 • 34
비슬산 • 35
비안도 • 15

ㅅ
사연호 • 33
사직 공원 • 4
사천 공항 • 26
사천 대교 • 26
사천만 • 26
삼랑진역 • 29
삼봉산 • 17
삼척 환선굴 • 40
삼천포 대교 • 26
삽교호 • 10
삽시도 • 11
상도 • 27
상사호 • 22
상원사 • 41
상조도 • 20
상주 해변 • 26
상태도 • 20
상해 거리 • 30
상황봉 • 21
쌍계사 • 23
새만금 방조제 • 12
생일도 • 21
서강 대교 • 6
서대문 형무소 역사관 • 4
서대전역 • 11
서산 마애 삼존불 • 10
서산 방조제 • 10
서울숲 • 5
서울 시립 미술관 • 4
서울 월드컵 경기장 • 4
서울특별시청 • 4
서울 화력 발전소 • 4
석굴암 • 35
석모도 • 8

선덕여왕릉 • 35
선운사 • 16
선운산 • 16
선유도 • 12
설악산 • 41
섬진강 • 23, 26
세종특별자치시청 • 10
소록도 • 21, 22
소안도 • 20
소양호 • 41
소촌 농공 단지 • 18
속리산 • 11, 37
속초 해변 • 41
송광사 • 22
송도 국제 도시 • 9
송정역 • 32
송정 해변 • 32
수로왕릉 • 29
수리산 • 9
수영강 • 31
수영만 • 31
수원 화성 • 9
순천만 • 23
순천만 자연 생태 공원 • 23
순천역 • 23
숭례문(남대문) • 5
시산도 • 22
시화 방조제 • 9
시화 산업 단지 • 9
시화호 • 9
신갈 저수지 • 9
신두리 해안 사구 • 10
신문왕릉 • 35
신불산 • 33
신선대 • 31
신시도 • 12
신어산 • 29, 32

ㅇ

아산만 • 10
안동역 • 37
안동호 • 37
안면도 • 10
안압지 • 35
안좌도 • 20
암태도 • 20
애기봉 전망대 • 8
양동 마을 • 35
양산 통도사 • 33
양양 국제공항 • 41
어란 등대 • 20
엄광산 • 30
엑스포 과학 공원 • 11

N서울타워 • 5
여수 공항 • 23
여수만 • 23
여수반도 • 23
여수 엑스포 공원 • 23
여의도 • 5
여차 몽돌 해변 • 28
여항산 • 27
연화산 • 27
영광 원자력 발전소 • 16
영덕 풍력 발전소 • 37
영도 • 29, 30
영랑호 • 41
영산강 • 17, 19, 20
영산강 하굿둑 • 20
영암호 • 20
영일만 • 36
영종 대교 • 8
영종도 • 8
영주역 • 37
영천역 • 36
영천호 • 36
영축산 • 33
영화의 전당 • 31
영흥도 • 9
예당평야 • 10
오대산 • 41
오동도 • 23, 26
오두산 통일 전망대 • 8
오륙도 • 31
오릉 • 35
오송역 • 10
5·18 기념 공원 • 18
5·18 민주 묘지 • 18
오죽헌 • 41
옥구 저수지 • 12
옥정호 • 16
옥포 조선소 • 28
온산항 • 33
온양 온천 • 10
완도 • 21
외나로도 • 22
욕지도 • 27
용담호 • 13
용두산 공원 • 30
용문산 • 8, 41
용산역 • 5
용인 에버랜드 • 9
우도 • 22
우암 사적 공원 • 11
우이도 • 20
우치 공원 • 18
운문호 • 34

운장산 • 13
운주사 • 21
운천 저수지 • 19
울산광역시청 • 33
울산 공항 • 33
울산만 • 33
울산항 • 33
원산도 • 11
원주 공항 • 40
원통산 • 16
원효 대교 • 6
월명산 • 11
월성 원자력 발전소 • 34
월송정 • 37
월악산 • 10, 37
월정사 • 41
월출산 • 21
월포 해변 • 36
유명산 • 8
63시티 • 5
윤선도 유적지 • 20
위도 • 13
을숙도 • 29
을숙도 철새 도래지 • 29
을왕리 해변 • 8
이순신 대교 • 23
의성역 • 37
익산역 • 12
인성산 • 27
인왕산 • 4
인천광역시청 • 8
인천 국제공항 • 8
인천 대교 • 9
인천 문학 경기장 • 9
인천항 • 9
일산 호수 공원 • 8
일산 해변 • 33
일월산 • 37
임자도 • 17
임진각 • 8
임진강 • 8
임하호 • 37

ㅈ

자갈치 시장 • 30
자란만 • 27
자은도 • 20
잠수교 • 6
장고도 • 11
장봉도 • 8
장사도 • 28
장산 • 32
장산도 • 20

장산봉 • 31
장생포 고래 박물관 • 33
장성역 • 16
장성호 • 16
장도 • 22
장흥 조선백자 가마터 • 21
적대봉 • 22
적상산 • 13
전남대학교 • 18
전등사 • 8
전주 한옥 마을 • 13
정동진역 • 41
정읍역 • 16
제부도 • 9
제암산 • 21
조계산 • 22
조성역 • 22
조약도 • 21
종묘 • 5
주남 저수지 • 28
주암호 • 21, 22
주왕산 • 37
주흘산 • 37
중랑천 • 5
중리역 • 28
증도 • 17, 20
지도 • 17
지리산 • 17, 23, 26
지리산 반달곰 • 23
진도 • 20
진돗개 • 20
진양호 • 26
진주성 • 27
진주역 • 27
진해만 • 27, 28
진해 해군 기지 • 28
집현산 • 26

ㅊ

차령 • 10
참성단 • 8
창녕 우포늪 • 27
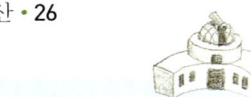
창경궁 • 5
창덕궁 • 4
창선도 • 26
창원중앙역 • 28
채석강 • 13
천관산 • 21
천등산 • 22
천수만 • 10
천안아산역 • 10
천제단 • 40
천호산 • 12

천황산 • 33, 34
첨성대 • 35
첨찰산 • 20
청계산 • 8
청도 운문사 • 33
청량산 • 37
청산도 • 21
청와대 • 4
청학동 • 23
청해진 유적지 • 21
청호 저수지 • 13
추월산 • 16
축산항 • 37
춘천 청평사 • 41
충렬사 • 27
충무공 유적지 • 21
충주호 • 10
충혼탑 • 30
치악산 • 9, 40
칠갑산 • 11
칠포 해변 • 36

ㅋ

KBS 방송국 • 5
킨텍스 • 8

ㅌ

태백 고원 자연 휴양림 • 40
태백산 • 40
태안반도 • 10
태종대 • 29
태종산 • 30
태평 염전 • 20
태화강 • 33
토함산 • 35
통영항 • 27

ㅍ

파로호 • 41
판문점 • 8
팔공산 • 36
팔금도 • 20
팔미도 등대 • 9
팔봉산 • 10
팔영산 • 22
평일도 • 21
평창 알펜시아 • 40
평택평야 • 10
포석정지 • 35
포항 공항 • 36
포항 제철소 • 36

ㅎ

하남 산업 단지 • 18
하늘 공원 • 4
하도 • 27
하동역 • 23, 26
하의도 • 20
하조대 • 41
하조도 • 20
하태도 • 20
하회 마을 • 37
학동 몽돌 해변 • 28
한강 • 4, 6, 8
한강 대교 • 7
한강 유람선 여의도 선착장 • 7
한강 철교 • 7
한국 민속촌 • 9
한계령 • 41
한국 해양 대학교 • 30
한남대교 • 6
한려 해상 국립 공원 • 27
한밭 종합 운동장 • 11
한산도 • 27, 28
함안역 • 27
함평만 • 17
합천 해인사 • 27
학천호 • 26
해남 땅끝 전망대 • 20
해남반도 • 20
해미 읍성 • 10
해상 종합 공원 • 30
해운대역 • 32
해운대 해변 • 29
행주산성 • 8
현충사 • 10
형산강 • 35, 36
호계역 • 33
호남평야 • 12
호기곶 등대 • 36
화개 장터 • 23, 26
화성호 • 9
화순 고인돌 공원 • 21
화순역 • 21
화악산 • 8, 28
화엄사 • 23
화왕산 • 27
황령산 • 31
황룡사지 • 35
황매산 • 26
황학산 • 37
회덕 향교 • 11
회동 저수지 • 29, 32
효창 공원 • 5
효천역 • 19
후포 등대 • 37
흥인지문(동대문) • 5

우리 땅 기차 여행

가비와 다비, 홍이 가족, 우리 땅 탐방 동아리 친구들이 기차를 타고 간 길을 한번 따라가 볼까요?

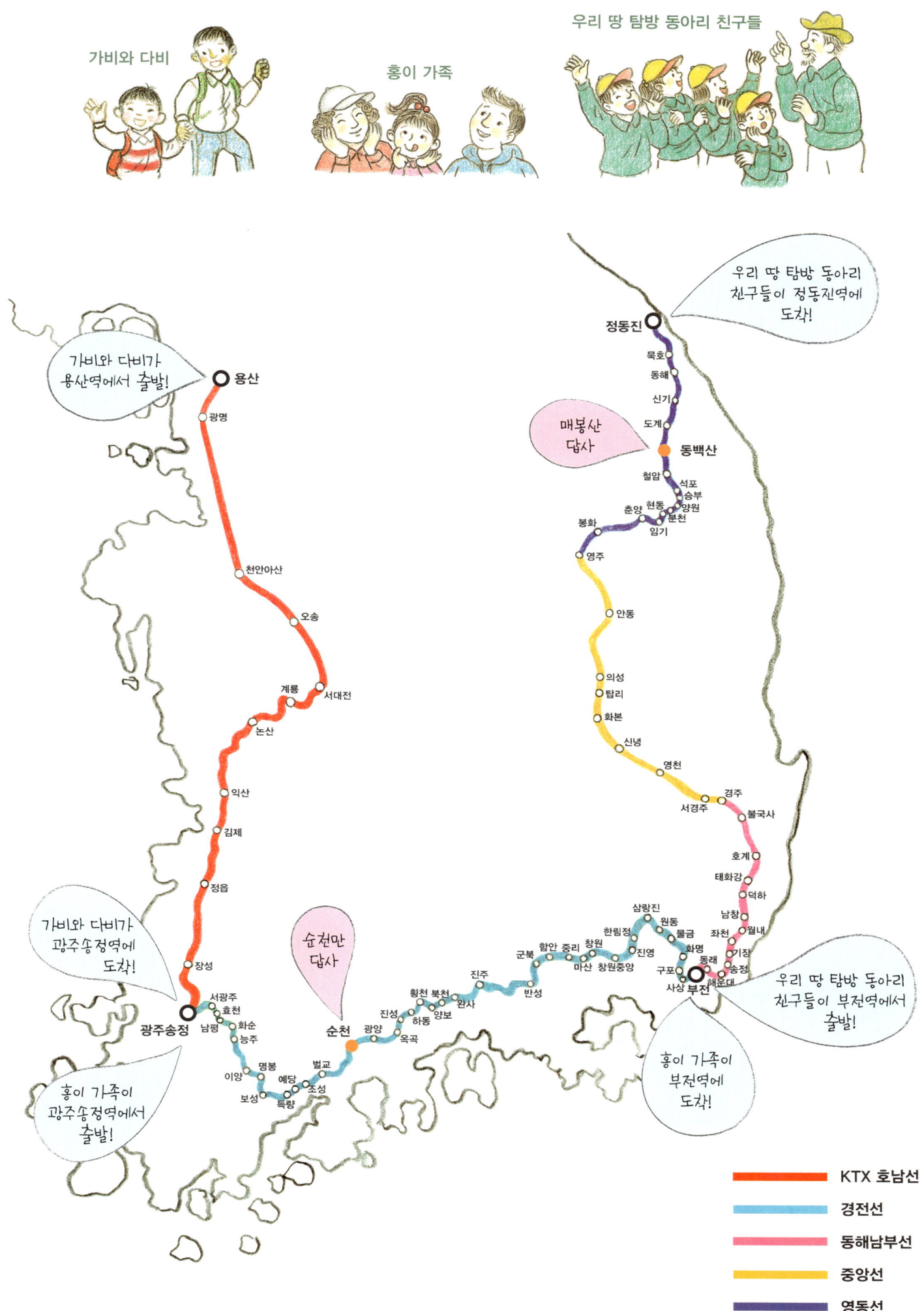